CANZONE BEST ALBUM Vol. 2

カンツオーネ・ベスト・アルバム ②

改訂版

水星社

カンツオーネ・ベスト・アルバム ② 改訂版

目次

① ピノキオへの手紙 ——— Lettera A Pinoccihio ——— 4
② 君に涙とほほえみを ——— Se Piangi, Se Ridi ——— 8
③ この胸にふたたび ——— Come Stai ——— 11
④ アモーレ・ミオ ——— Ammore Mio ——— 18
⑤ 生命をかけて ——— Io Ti Darò Di Più ——— 21
⑥ ケ・サラ ——— Che Sarà ——— 24
⑦ 恋の終り(ラブ・ミー・トゥナイト) ——— Alla Fine Delle Strada(Love Me Tonight) ——— 27
⑧ 薔薇のことづけ ——— Rose Nel Buio ——— 32
⑨ 君をうたう ——— Cazone Per Te ——— 36
⑩ 二人の星 ——— La Stella Per Noi (Futari No Hosci) ——— 41
⑪ 夢のかなたに ——— Non Illuderti Mai ——— 46
⑫ 急流 ——— Il Torrente ——— 50
⑬ ヴォラーレ ——— Nel Blu, Dipinto Di Blu (Volare) ——— 55
⑭ リコルダ ——— Ricorda ——— 58

⑮私は風(恋のブルース)	Io Sono Il Vento (For You My Lover)	62
⑯アディオ・アディオ	Addio... Addio...	66
⑰悲しみは星影と共に	Oltre La Notte (Andremo In Citta)	71
⑱素敵なあなた	Tu Si' 'Na Cosa Grande	74
⑲バンビーノ(ガリオーネ)	Guaglione	78
⑳太陽がほしい	Desiderio 'E Sole	82
㉑ローマのギター	Chitarra Romana	86
㉒遥かなるサンタ・ルチア	Santa Lucia Luntana	90
㉓マリア・マリ	Maria Marì	94
㉔チリビリビン	Ciribiribin	97
㉕あなたに口つげを	I' Te Vurria Vasà!	103
㉖忘れな草	Vergiss mein nicht	106

❖❖❖❖❖❖❖❖❖❖❖❖❖❖❖

- ●曲目解説(荒井基裕) ——— 109
- ●イタリア語の発音 ——— 112
- ●楽譜用語 ——— 113
- ●カンツォニッシマ入賞曲データ(1956〜1974) ——— 115
- ●日本語タイトル総索引 ——— 117
- ●原語タイトル総索引 ——— 119

《1971 サンレモ入賞曲》
③ この胸にふたたび
Come Stai

Testo di R. Pazzaglia
Musica di D. Modugno
日本語詞 荒井基裕
編　曲 伊藤辰雄

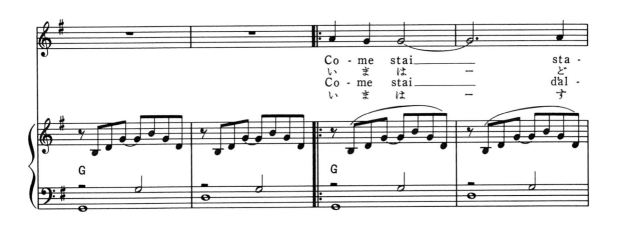

Co - me stai＿＿＿ sta -
Co - me stai＿＿＿ d'al -
い ま は ど
い ま は す

-vo pen - san - do proprio a te lo sai... che
-lo - ra dim - mi mi hai pen - sa - to mai io
こ に い る の あ な た は す
ぎ た お も い で だ け な
り ら だ み を

©Copyright by UNIVERSAL MUS.PUB.RICORDI SRL.
All Rights Reserved. International Copyright Secured.
Print rights for Japan controlled by Shinko Music Entertainment Co., Ltd.

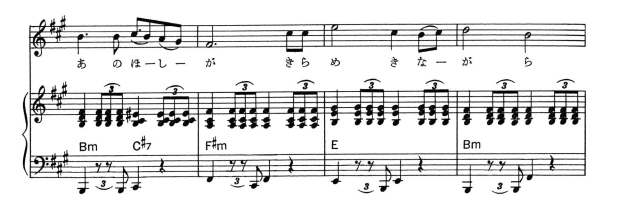

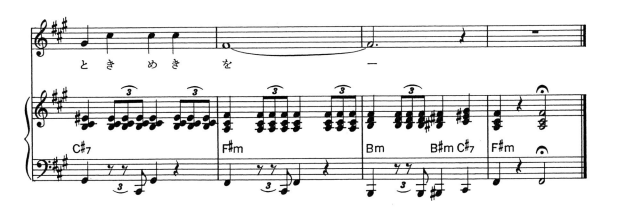

《1968 夏のディスク第2位》
⑪夢のかなたに
Non Illuderti Mai

Testo e Musica di
D. Pace, M. Panzeri, L. Pilat

日本語詞　荒井基裕

© Copyright 1968 by Edizioni Musicali TEVERE & Edizioni Musicali ALFIERE, Milano.
Copyright 1971 assigned to S.p.A. MELODI. Casa Editrice
& Edizioni Musicali ALFIERE, Milano.
Rights for Japan assigned to SUISEISHA Music Publishers, Tokyo.

《1955 サンレモ第2位》

⑫ 急 流
Il Torrente

Versi di C.A.Liman
Musica di Lao Carmi
日本語詞 薩摩 忠

© 1955 EDIZIONI MUSICALI ASSO S.R.L.
Permission granted by FUJIPACIFIC MUSIC INC.
Authorized for sale in Japan only.

⑰ 悲しみは星影と共に
Oltre La Notte
(dal film "Andremo In Citta")

Parole di Tuminelli, Perrotin
Musica di Ivan Vandor
arr. by N.Aoki
日本語詞　音羽たかし

© by BIXIO SAM Edizioni Musicali SRL
Rights for Japan assigned to WATANABE MUSIC PUBLISHING CO.,LTD.

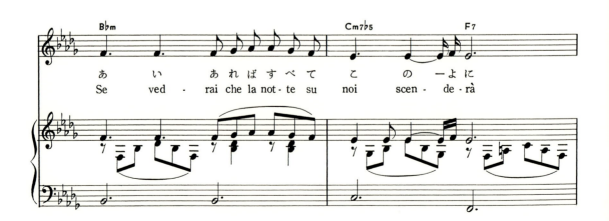

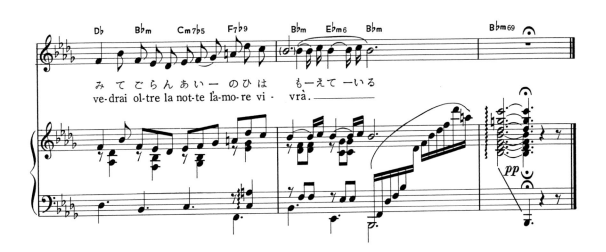

《1964 ナポリ音楽祭優勝曲》
⑱ 素敵なあなた
Tu Si' 'Na Cosa Grande

Versi di Renzo Gigli
Musica di D.Modugno
日本語詞　荒井基裕

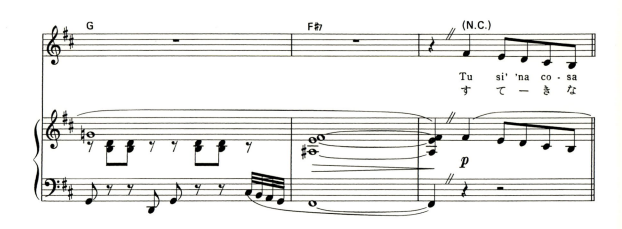

© 1964 by EDIZIONI CURCI S.r.l.-Milan (Italy)
Permission granted by FUJIPACIFIC MUSIC INC.
Authorized for sale in Japan only.

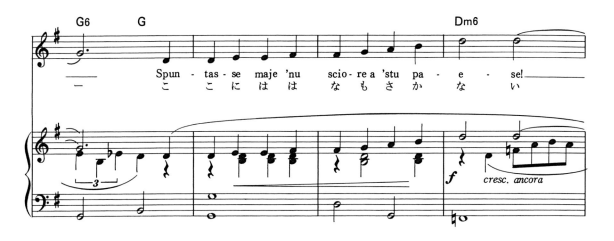
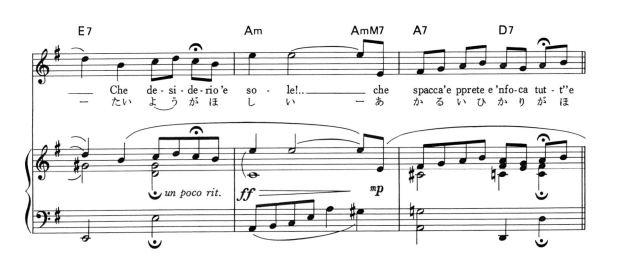
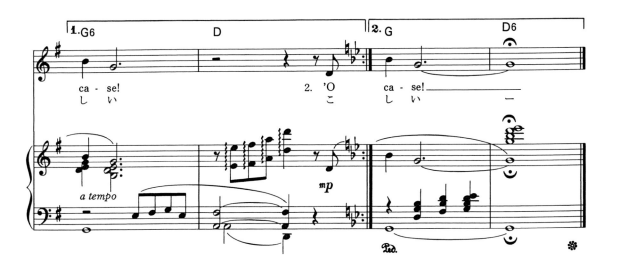

㉒ 遥かなるサンタ・ルチア
Santa Lucia Luntana

Testo e Musica di E.A.Mario
日本語詞　徳永 政太郎

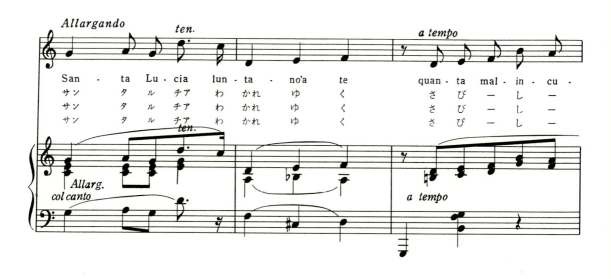

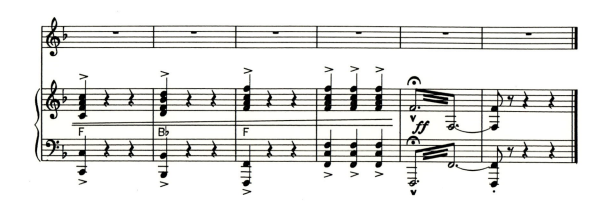

ヴォラーレ

日本語詞　音羽たかし

一、ほんとに不思議な夢をみるの
　　窓から空がしのびこんで
　　顔も両手も青くそまると
　　ひばりの様に私は飛ぶの
　※ヴォラーレ　オーオー
　　カンターレ　オ、オ、オー
　　青いお空に　ほんとにいい気持
　　高く遠く　山を越え海越え　お日様まで
　　どこからかきれいな歌も聞こえる
　　青いお空は　なんてすてきでしょう
　　ヴォラーレ　オーオー
　　カンターレ　オ、オ、オー
　　青いお空に　心もうきうきと

二、月の光がうすれる時
　　あなたの夢は消えてしまう
　　けれども私の夢はいつも
　　あなたの青い瞳の中に
　※（くり返し）※
　　青い瞳に　心もうきうきと

Nel blu degli occhi tuoi blu,
felice di stare guaggiù, con te.

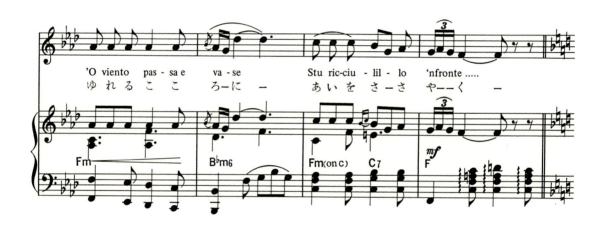

カンツォーネ・ベスト・アルバム ② 改訂版
曲目解説
荒井 基裕

①ピノキオへの手紙

　毎年ボローニャの教会が主催する子供のための歌のフェスティバル"ゼッキーノ・ドーロ"の入賞曲です。歌手はおもに３・４才の子供ですが作曲者は一流。ディズニーの漫画でもおなじみのイタリアの童話「ピノキオ」（木製のあやつり人形）をもとに、ピノキオの思い出や子供の夢を心暖かくうたっています。

②君に涙とほほえみを

　'65年にサンレモ・フェスティバルで優勝した人気歌手ボビー・ソロの作曲になるカンツォーネです。ボビーはロベルト・サッティというペンネームで作品をよく書いていて、どれも彼の豊かな音域を生かした美しいものばかりです。この曲も大変低い音から高い音まで使っていて、スロー・ロックのリズムに乗った３連音符が若々しく魅力的です。青年のすがすがしい恋を甘くうたってください。

③この胸にふたたび

　原語のタイトルは、ごく日常的な会話で使っている言葉"いかがお過ごし？"という意味です。一運命に引きさかれた恋人たちがふと出あい、『いかがお過ごし？』と言って、輝いていた恋の日々を思い出す―そんな美しい内容のカンツォーネです。

　作曲と歌は《ヴォラーレ》や《愛は限りなく》などをヒットさせた大御所のドメニコ・モドゥーニョで、71年サンレモの入賞曲です。

④アモーレ・ミオ

　これはカンツォーネ・ナポリターナで、歌詞はナポリ語で書かれています。原語で歌うときはそのなまりを出すこと。《アル・ディ・ラ》などの名曲を作ったカルロ・ドニーダの作曲で、64年ナポリ・フェスティバルの入賞曲です。同じ音を並べて言葉をしゃべらせているドニーダ独特の手法がここでも生かされている美しいカンツォーネです。恋の終わりの悲しみをひたむきにうたっています。

⑤生命をかけて

　作曲者は歌手メモ・レミージで、66年サンレモ・フェスティバルの入賞曲です。原語のタイトルは"あなたにもっと捧げます"という意味で、情熱的なロッカ・バラードです。

　サンレモでうたったのはオルネラ・ヴァノーニでした。歌詞の内容は"あやまちはおかしたくないけれど、一度くらいならかまわないと思ったのに、生命まですべて捧げたくなった"というようなものです。

⑥ケ・サラ

　《恋のジプシー》が優勝した71年サンレモ・フェスティバルの第２位。フォーク調で日本人には大変親しみやすい曲です。タイトルの言葉は"どうなるかわかりゃしない"といったような意味で、最近の若者たちの抵抗気分とニヒリズムがちょっぴり感じられます。

　ジミー・フォンタナが作曲。サンレモではリッキーとポーヴェリ、そして外人歌手のホセ・フェリシアーノがうたいました。

⑦恋の終り（ラヴ・ミー・トゥナイト）
　トム・ジョーンズが大ヒットをとばして、世界的にすっかり有名になってしまいました。もとは、69年サンレモ・フェスティバルで落選してしまったカンツォーネです。
　作者は《雨》や《薔薇のことづけ》など無数のヒット曲を書いているバーチェとバンゼーリとピラートというトリオ。サンレモでは当時新人だったジュニア・マルリと、グループのザ・カジュアルズがうたいました。

⑧薔薇のことづけ
　'71年サンレモで、ジリオラ・チンクエッティが歌って入賞した曲。バーチェとピラートとバンゼーリというこの曲の作者トリオは、チンクエッティのヒット曲《雨》や《ロマンティコ・ブルース》などと同じです。
　男女いずれでもうたえますが、失恋の悲しみを、前向きの姿勢でリズミカルに表現するといいでしょう。とても変化のある現代的なカンツォーネです。

⑨君をうたう
　いかにも吟遊詩人セルジョ・エンドリゴらしいカンツォーネですね。ひっそりと思いをこめて恋のうたをうたう——そんな感じの美しい曲。原語のタイトルは"あなたのためのカンツォーネ"という意味です。
　68年サンレモで、人気絶頂のビート歌手ドン・バッキーの《カーザ・ビアンカ》を蹴落して自作自演のエンドリゴが優勝しました。この曲にはそれだけのふかい魅力があります。

⑩二人の星
　この日本のオリジナル曲を特にカンツォーネ・アルバムに加えたのは、ミルバが歌って大変にヒットしたからですが、それだけでなくあまりに美しい曲でもあるからです。テレビ・ドラマのテーマ曲として、映画音楽作曲家の木下忠司が作詞作曲しました。
　胸にあふれる愛の感動を豊かに表現しているこの曲、カンツォーネと同じ心でうたいましょう。殊に言葉を大切にしたいものです。

⑪夢のかなたに
　ベテラン歌手のオリエッタ・ベルティがうたって'68年夏のディスクで第2位となったカンツォーネです。サンレモにも出場の予定だったこの曲は、《雨》《恋の終り》などでおなじみのヒットメーカー・トリオの作品で、その年の年間ベストセラーでも第15位という成績を納めました。
　生命の消えてしまった恋を"あれは恋なんかじゃなかったんだ"とうたっています。

⑫急　流
　'55年サンレモで第2位となった名曲です。当時のカンツォーネ界はロマンチックなビギンが全盛で、この曲もその一つです。日本にはフランス経由で入ってきたので、長い間、シャンソンのように親しまれてきました。
　山の上から走り落ちる急流に恋心を例えて"身を震わせながら私のそばから急流のように走り去っていったあなた……"と美しい歌詞がうたわれています。

⑬ヴォラーレ
　あまりにも有名な、そしてカンツォーネの代表のようなこの曲。原語のタイトルは"青い中に青で描く"という意味で、青空にのびやかに飛んでゆく夢をうたった大らかなメロディーが素晴らしい曲です。58年のサンレモで優勝し、作曲と歌のドメニコ・モドゥーニョは一躍スターになりました。それまで、甘く美しいメロディ一点ばりだったカンツォーネ界に新風を吹き込んだ作品です。

⑭リコルダ
　'63年サンレモ音楽祭でルチアーノ・タヨーリとミルバがうたって5位に入賞しました。モゴールとドニーダのコンビによる傑作カンツォーネとして、いまだに歌手たちにとっては、難曲との定評の高いあこがれの曲です。
　特にサビの"いとしい"から伴奏が三連音になってcresc.する部分の"貴方が自分の涙で銀色に霞んで見える。それでも私は貴方について行く"の所は心が打たれる下りです。

⑮私は風（恋のブルース）
　イタリア語の原題は"私は風"で、いたずらっぽい風が二人の恋のキューピット役をする、といったロック調のしゃれた曲です。
　日本では昭和34年にスロー・ロック調にアメリカナイズされた《恋のブルース》としてデビューし、この他に《小さな花》と同様のクラリネット・ソロ曲としてもかなり流行りましたが、じつは、この曲は59年サンレモ・フェスティバルの第2位入賞曲なのです。

⑯アディオ・アディオ
　サンレモ男として55年から活躍するクラウディオ・ビルラに対し、58年《ヴォラーレ》59年《チャオ・チャオ・バンビーナ》と連続優勝して、世界のサンレモ男としてデビューしたドメニコ・モドゥーニョ。この曲は、この二人が組んで62年サンレモ・フェスティバルで優勝を果たし、俄然サンレモの人気を高めた名曲です。アディオとは、二度と会う事のない哀しい別れの事を指します。

⑰悲しみは星影とともに

'66年に日本に公開された同名のイタリア映画のテーマ・ソングです。原語のタイトルは"夜を越えて"という意味で、ナチに追われる盲目の弟と姉の悲しい宿命をうたっています。イヴァン・ヴァンドールはこの映画の音楽を担当した作曲家で、絶望的な悲しみを美しく表現しています。12/8拍子の短い曲ですが、その中にファシズムへの怒り、盲目の坊やの清らかな心まで感じられます。

⑱素敵なあなた

《ヴォラーレ》《チャオ・チャオ・バンビーナ》でスターとなったドメニコ・モドゥーニョはサンレモ・フェスティバルで活躍を続けていましたが、64年ナポリ・フェスティバルでもこの曲で栄冠を獲得しました。

原詞はナポリ語で、ジーリが書いています。モドゥーニョ独特の神秘と情熱が香高くうたわれていて、内容の表現が重視される新しいタイプのナポリターナです。

⑲バンビーノ（ガリオーネ）

原語のタイトルは"いたずらっこ"とか"やんちゃ坊ず"というような意味です。余りにも世界的に有名になったので忘れられそうですが、実は56年ナポリ・フェスティバルで優勝したナポリターナの現代版です。作曲したのはファンチウリで、フェスティバルでうたったのはナポリターナの大歌手アウレリオ・フィエルロでした。軽快なリズムの楽しい曲で、歌詞はナポリ語で書かれています。

⑳太陽がほしい

'52年に始められた新しいナポリ・フェスティバル（現在は中止）の第1回優勝曲です。ナポリと言えば、昔からナポリターナのメッカとして数々の名曲が生れてきました。そうした土壌の中で、この曲はナポリターナの特色を生かし、それに現代風なリズムをあしらった新生ナポリターナの名曲です。

内容は、国を離れて出稼ぎに行った若者が、故郷の太陽を懐かしんでうたう望郷の歌です。

㉑ローマのギター

コンチネンタル・タンゴ風の名曲で、クラウディオ・ビルラ他名歌手が数多くうたっていますが、一般の人には手に入れることがなかなか難しい、とても貴重な楽譜です。

歌詞の内容は"私には家もお金もないけれど、このギターと一緒ならば満足だ"といった意味で、ローマの中心を流れるルンゴテベレ川のほとりで、ローマの夜景をバックにうたっています。

㉒遙かなるサンタ・ルチア

代表的なナポリターナ。ナポリっ子は大変に郷土愛が強いことと、観光地としての宣伝の意味からも、ナポリを恋するカンツォーネが古くからたくさん作られています。

この曲はナポリのサンタ・ルチア海岸を離れて遠い海へ向かう漁夫が、ふと郷愁に誘われてうたっています。美しい海を思わせる大らかなメロディの中に、人間の心に住む郷愁をにじませた傑作です。

㉓マリア・マリ

ナポリの歴史にまで残る優れた作曲家エドアルド・ディ・カプアの作曲したおなじみのナポリターナ。ナポリでは、6/8拍子はかなり古くから愛好されていました。この歌は、初め短調で後半は長調になり、この時代の歌としては新しい境地を開いたものでした。

原詞は非常に素直な愛情表現をしており、ナポリっ子の気質がうかがわれます。甘い節回しのメロディが特徴です。

㉔チリビリビン

これはとても古いカンツォーネ。作曲者はオペラの作曲で有名なアルベルト・ペスタロッツァで、その頃はオペラ作曲家が軽い大衆の歌をよく作っていました。

《チリビリビン》というのは音楽の表現で、"誰がこんな楽しい音楽を弾いているのでしょう、チリビリビリ……"というような意味の歌です。軽快なワルツで、現在は世界中でうたわれています。

㉕あなたに口づけを

なんと美しいメロディではありませんか。これは《オー・ソレ・ミオ》を作曲したディ・カプアが、2年後の1900年に作曲したカンツォーネ・ナポリターナです。現在なおあらゆるカンツォーネの中で最も美しいとイタリアでは言われ、スロー・ロックなどのリズムで人気歌手にうたわれています。清純な恋心を、さわやかな大気の中で実に魅惑的な美しさでうたっています。原詞はナポリ語。

㉖忘れな草

ナポリ生れのクルティス兄弟の弟エルネスト・デ・クルティスの作曲。彼はこのほか「帰れソレントへ」「ルチア・ルチ」「アマーリア」など多くの名曲を作っていますが、実は音楽は独学で修業し1920年から名テノール歌手ジリのピアノ伴奏者としてアメリカに住んでからその名曲の多くを手がけたものです。現在では各国語に訳され多くの歌手に唄われカンツォーネの代表作になっています。

イタリア語の発音

＊母　音

a ア
e エ, エー
i イ
o オ, オー
u ウ

à ア è エー ì イ ò オー ù ウ のように母音の上に ̀ の記号が付くと，この母音のある所にアクセントが付きます。
たとえば，papàの場合アクセントは後のpàに付きます。
　母音が2つ，又は3つ並ぶと，その各々の音を出します。
aa アア　ae アエ　ea エア　eu エウ　ia イア
iai イアイ　iuo イウオ　oe オエ　oi オイ　ou オウ

＊子　音

母音 子音	a ア	e エ, エー	i イ	o オ, オー	u ウ
b ビ	ba バ	be ベ	bi ビ	bo ボ	bu ブ
c チ	ca カ	ce チェ	ci チ	co コ	cu ク
d ディ	da ダ	de デ	di ディ	do ド	du ドゥ
f エッフェ	fa ファ	fe フェ	fi フィ	fo フォ	fu フ
g ヂ	ga ガ	ge ヂェ	gi ヂ	go ゴ	gu グ
h アッカ	ha ア	he エ	hi イ	ho オ	
l ＊エッレ	la ラ	le レ	li リ	lo ロ	lu ル
m エムメ	ma マ	me メ	mi ミ	mo モ	mu ム
n エンネ	na ナ	ne ネ	ni ニ	no ノ	nu ヌ
p ピ	pa パ	pe ペ	pi ピ	po ポ	pu プ
r ＊エッレ	ra ラ	re レ	ri リ	ro ロ	ru ル
s エッセ	sa サザ	se セゼ	si シジ	so ソゾ	su スズ
t ティ	ta タ	te テ	ti ティ	to ト	tu トゥ
v ウ゛	va ヴァ	ve ヴェ	vi ヴィ	vo ヴォ	vu ヴ
z ヅェタ	za ツァ ヅァ	ze ツェ ヅェ	zi ツィ ヅィ	zo ツォ ヅォ	zu ツ ヅ

lとrの発音：lの方は軽く"エッレ"〔élle〕と発音し，rの方は舌先を十分動かして"エッレ"〔εrre〕と発音します。

子音の重複：同一子音が，2つ並ぶと，つまった音を出します。

abba アッバ　abbe アッベ　abbi アッビ　abbo アッボ
acca アッカ　acce アッチェ　acci アッチ　acco アッコ
agga アッガ　agge アッヂェ　aggi アッヂ　aggo アッゴ
assa アッサ　asse アッセ　assi アッシ　asso アッソ
azza アッツァ　azze アッツェ　azzi アッツィ　azzo アッツォ
　　アッヅァ　　　アッヅェ　　　アッヅィ　　　アッヅォ

＊特別の発音

che ケ　chi キ　ghe ゲ　ghi ギ
gla グラ　gle グレ　gli この音はgの音は全く発音されずリィと発音する。
gna ニァ　gne ニェ　gni ニ　gno ニョ　gnu ニュ
となりgは発音しない。
gua グア　gue グエ　qua クワ　qui クゥイ
sba ズバ　sbe ズベ　sbi ズビ　sbo ズボ
sca スカ　sce シェ　sci シ　sco スコ

楽　譜　用　語

accel. e. cresc.〔伊　アッチェレランド・エ・クレッシェンド〕次第に速く，音を強めて。
a due voci vocalizzato〔伊　ア・ドゥエ・ヴォーチ・ヴォーカリッツァート〕ソロに対する二声部のこと。
affrett.〔伊　アフレッタンド＝*affrettando*〕せきたてて……。
affrett. un poco〔伊　アフレッタンド・ウン・ポーコ〕少しずつせきたてて……。
alla cow‐boy〔伊　アラ・カウボーイ〕カウボーイふうに……。
Allargando〔伊　アラルガンド〕音を強くしながら，次第に遅く……。
Allegretto〔伊　アレグレット〕速く（*Allegro* と *andante* の中間）。
Allegro〔伊　アレグロ〕急速に（*Allegretto* より速い）。
anche fischiettato〔伊　アンケ・フィスキェッタート〕その上に，口笛を……。
Andante moderato con sentimento〔伊　アンダンテ・モデラート・コン・センティメント〕感情をこめて，ゆっくりと……。
Andantino〔伊　アンダンティーノ〕*Andante* よりやや速く……。
a piacere〔伊　ア・ピアチェーレ〕自由に，ゆかいに……。
a tempo〔伊　ア・テンポ〕もとの速度へもどる。
Beguine〔マルティニーク島土語　ビギン〕ビギンリズムで……。
breve a tempo〔伊　ヴレーヴェ・ア・テンポ〕音をのばし，その後，もとの速さにする。
canto〔伊　カント〕歌曲，歌。
Canto Alla Beguine〔伊　カント・アルラ・ビギン〕ビギン風にうたう。
Coda〔英・仏・伊　コーダ〕終止部。
colla voce〔伊　コラ・ヴォーチェ〕歌(声)にしたがって……。
Come un' eco〔伊　コメ・ウネコ〕こだまするように……。
con anima〔伊　コン・アニマ〕心をこめて……。
con impeto〔伊　コン・インペト〕激しく……。
con slancio〔伊　コン・ズランチョ〕激しく……。
coro〔伊　コーロ〕合唱。
Coro vocalizz〔伊　コーロ・ヴォカリズ〕任意の母音（*a，e，i，o，u*）で合唱する。
couplets〔仏　クプレ〕シャンソンにおける，きかせどころのくりかえし部分。
cresc.〔伊　クレッシェンド〕次第に強く……。
Da lento incalzando ad allegro〔伊　ダ・レント・インカルツァンド・アド・アレグロ〕ゆっくり，そしてだんだんせきたてるようにして速く……。
Dal ⅍ al ⊕ poi coda〔伊　ダル・セーニョ・アル・コーダ・ポイ・コーダ〕⅍ へもどって ⊕ マークから最終部分の *coda* へとぶ。
Dal ⅍ sfumando〔伊　ダル・セーニョ・スフマンド〕⅍ へもどり，そのあと，きわめてかろやかに……。
D. ⅍ al ⊕〔伊　ダル・セーニョ・アル・コーダ〕⅍ へもどってから ⊕ へ……。
deciso〔伊　デチーゾ〕はっきりと……。
delicato l'accordo〔伊　デリカート・ラッコルド〕和音を優美に……。
dim.〔伊　ディミヌエンド＝*diminuendo*〕次第に弱く……。
dim. e rall.〔伊　ディミヌエンド・エ・ラレンタンド〕次第に弱く，しかも次第にゆっくりと……。
dolcemente〔伊　ドルチェメンテ〕愛らしく……。
II. v. Ripresa canto〔伊　デュエ・ヴォルテ・リプレーザ・カント〕ここから二回繰り返してうたう。
Finale〔伊　フィナーレ〕多楽章曲の最後の楽章。曲の終りの部分。
gliss.〔伊　グリッサンド＝*glissando*〕ピアノでは指の爪で鍵盤を速くすべらせる奏法。
Largo〔伊　ラルゴ〕巾ひろく遅く……。
Lentamente〔伊　レンタメンテ〕おもむろに……。
Lento〔伊　レント〕遅く……。
Lento Moderato〔伊　レント・モデラート〕おそすぎないように……。
liberamente〔伊　リベラメンテ〕自由に……。
marcato〔伊　マルカート〕強く，ひとつひとつをはっきりと……。
(*melodia*)〔伊　メロディア〕旋律の意。ここでは低音部が旋律であるという指示。
meno〔伊　メノ〕より少なく……。

Moderatamente lento〔伊　モデラータメンテ・レント〕やや遅めに……。
Moderato〔伊　モデラート〕中位の速さ。
Moderato Beguine〔伊　モデラート・ビギン〕ビギン・リズムを中位の速さで……。
Moderato Calmo, con Swing〔伊　モデラート・カルモ・コン・スイング〕スイング風に，適度の速さで落ちつきをもって……。
Moderato, un po' mosso〔伊　モデラート・ウン・ポコ・モッソ〕適度の速さからだんだんと速く……。
Musica〔伊　ムジカ〕音楽。作曲。
Musik〔独　ムジーク〕音楽。作曲。
Musique〔仏　ミュジック〕音楽。作曲。
Opp.〔伊　オプレ＝*oppure*〕あるいは……。
Orch.〔英　オーケストラ＝*Orchestra*〕管弦楽。
Parole〔伊　パロレ〕詞，作詞。
rall.〔伊　ラレンタンド＝*rallentando*〕次第に遅く……。
rall. e morendo〔伊　ラレンタンド（*rallentando*）・エ・モレンド〕次第におそくしながら音を弱くする。
rall. un poco〔伊　ラレンタンド・ウン・ポコ〕少しずつ遅く……。
Refrain〔英　リフレイン〕くりかえし。
Refrain〔仏　ルフラン〕シャンソンにおける，きかせどころのくりかえし。
ripete sfumando〔伊　リペテ・スフマンド〕きわめて軽快にくりかえす。
ripr. canto〔伊　リプレンデレ・カント＝*riprendere canto*〕再び歌（独唱）になる。
rit.〔伊　リタルダンド＝*ritardando*〕次第にゆっくり。
Ritenuto〔伊　リテヌート〕ただちに遅く……。
rit. obbl.〔伊　リタルダンド・オブリガード〕伴奏部を次第にゆっくりと……。
Ritornello〔伊　リトルネロ〕きかせどころのくりかえし部分。
Rumba Rock〔英　ルンバ・ロック〕ルンバふうなロック。
Scherzoso〔伊　スケルツォーゾ〕おもしろく……。
secco〔伊　セッコ〕軽く歯切れよく……。
sentite〔伊　センティーテ〕心をこめて……。
sf〔伊　スフォルツァンド＝*sforzando*〕その音を特に強める。
siflet la mélodie〔仏　シフレ・ラ・メロディー〕メロディーを口笛で……。
Simile〔伊　シーミレ〕同様な……を意味し前と同じに続ける。
SLOW〔英　スロー〕ゆっくりした速度で……。
solo〔英　ソロ〕独唱（奏）。
strofa〔伊　ストロファ〕節。カンツォーネにおける，曲の初めの語り部分。
sub.〔伊　スービト＝*subito*〕いそいで，直ちに……。
tacet〔英　テイセット〕この声部を休む（コードを休止する）。
Tempo di Shake lento〔伊　テンポ・ディ・シェーク・レント〕ゆっくりと体を揺らすようなテンポで……。
Tempo di Sirtaki〔伊　テンポ・ディ・シルタキ〕シルタキのテンポで……。
Tempo di slow〔伊　テンポ・ディ・スロウ〕スロウ・テンポで……。
Tempo di Valzer lento〔伊　テンポ・ディ・ヴァルツェル・レント〕おそめのワルツ・テンポで……。
Tempo di valzer moderato〔伊　テンポ・ディ・ヴァルツェル・モデラート〕中位のワルツ・テンポで……。
ten.〔伊　テヌート＝*tenuto*〕音を保持して……。
ten. e portato〔伊　テヌート・エ・ポルタート〕ねばるようなポルタメント。
Testo〔伊　テスト〕詞，作詞。
Texte littéraire〔仏　テクスト・リテレール〕歌詞。
to ✠　〔英　トゥ・コーダ〕ここから　✠　マークへ……。
Vers〔独　フェルス〕歌の語り部分。
Versi〔伊　ヴェルシ〕詞，作詞。
Version Française〔仏　ヴェルション・フランセーズ〕フランス語詞。
Vocalizzi〔伊　ヴォーカリッツィ〕母音を用いて歌う。
₵　2分の2拍子の記号。
⌢　〔伊　フェルマータ〕その音をのばす記号。
8------　点線内の音を記譜よりオクターヴ高くひく。

カンツォーネニッシマ
入賞曲データ(1956〜1974)

(★印は優勝曲)

〈ラジオ〉

■1956 (優勝以外は不明)
★MAMMA　マンマ　ヌンツィオ・ガロ
BUON ANNO BUONA FORTUNA　新年おめでとう　ジーノ・ラティルラ

■1957 (優勝以外は不明)
★'O SCAPRICCIATIELLO　ふぬけ男　アウレリオ・フィエロ

〈テレビ〉

■1958
★L'EDERA　つた　ニラ・ピッツィ
NEL BLU DIPINTO DI BLU (VOLARE)　ヴォラーレ　ドメニコ・モドゥーニョ
MAMMA　マンマ　クラウディオ・ビルラ
SIGNORINELLA　シニョリネッラ　アキレ・トリアーニ
ARRIVEDERCI ROMA　アリヴェデルチ・ローマ　レナート・ラシェル
VURRIA　ヴリア　アウレリオ・フィエロ

■1959
★PIOVE　チャオ・チャオ・バンビーナ　ジョニー・センティエリ
ARRIVEDERCI　アリヴェデルチ (11TがよようならJr.)　マリーノ・バルレーニ
VECCHIO FRACK　古い燕尾服　ドメニコ・モドゥーニョ
CERASELLA　チェラセッラ　グロリア・クリスティアン
IO SONO IL VENTO　私は風 (恋のブルース)　アルトゥーロ・テスタ

■1960
★ROMANTICA　ロマンティカ　トニー・ダララ
ADDIO SOGNI DI GLORIA　さらば栄光の夢 (アデュー)　ジャコモ・ロンディネッラ
SERENATA A MARGELLINA　マルジェリーナのセレナード　フロ・サンドンス
COME LE ROSE　ばらのように　クラウディオ・ビルラ
LIBERO　リベロ　ドメニコ・モドゥーニョ

■1961
★BAMBINA BAMBINA　バンビーナ・バンビーナ　トニー・ダララ
NATA PER ME　君はぼくのもの　アドリアーノ・チェレンターノ
FRA LE CANNE DI BAMBU　バンブーの夜あみの中で　ペティー・クルティス
IL PRIMO MATTINO DEL MONDO　恋の朝　ミルバ
SEDICI ANNI　16才　ヌンツィオ・ガロ

■1962
★QUANDO QUANDO QUANDO　クアンド・クアンド・クアンド　トニー・レニス
IL CIELO IN UNA STANZA　しあわせがいっぱい　ジーノ・パオリ
LA BALLATA DELLA TROMBA　夕焼けのトランペット　ニニ・ロッソ
TANGO DELLA GELOSIA　嫉妬のタンゴ　ミルバ
CHITARRA ROMANA　ローマのギター　クラウディオ・ビルラ
TANGO DEL MARE　海のタンゴ　ペティー・クルティス
VIOLINO TZIGANO　夜のヴァイオリン　エミリオ・ペリコーリ

■1963 [タイトル:GRAN PREMIO 大賞]
★CIURI CIURI　(オペラ、カンツォーネ、劇場、お国自慢グループ対抗) チュリ・チュリ (民謡)　SICILIA シチリア・グループ

■1964 [タイトル:NAPOLI CONTRO TUTTI ナポリ対すべて]
★'O SOLE MIO　オー・ソレ・ミオ　マリオ・デル・モナコ
　　　　　　　　　　　　　　　　　　　　クラウディオ・ヴィルラ
NON HO L'ETA　夢みる想い　ジリオラ・チンクエッティ
SERATA A MOSCA　モスコーの夜はふけて　アナトリオ・ソロヴィアネンコ
LA VIOLETERA　ラ・ヴィオレテラ (すみれを売る娘)　ジリオラ・チンクエッティ
ANEMA E CORE　アネマ・エ・コーレ　クラウディオ・ヴィルラ
TORNA A SURRIENTO　帰れソレントへ

■1965 [タイトル:LA PROVA DEL NOVE 9時の試合]
(愛の歌部門)
★NON SON DEGNO DI TE　愛をあなたに　ジャンニ・モランディ
(カンツォナート一ル部門)
TU SI' 'NA COSA GRANDE　素敵なあなた　ドメニコ・モドゥーニョ
(映画主題歌部門)
LA CANZONE DELL'AMORE　愛のカンツォーネ　クラウディオ・ヴィルラ
(子供の歌部門)
VIVA LA PAPPA COL POMODORO　トマトジュースに乾杯　リタ・パヴォーネ
(故郷の歌部門)
VECCHIA ROMA　古き都ローマ　クラウディオ・ヴィルラ
(舞台の歌部門)
ROMA NON FA' LA STUPIDA STASERA　ローマよ今夜はふざけないで　ランド・フィオリーニ
　　　　　　　　　　　　　　　　　　　　　　　　　　　　　　グロリア・クリスティアン
　　　　　　　　　　　　　　　　　　　　　　　　　　　　　　ブルーノ・マルティノ
(ダンス曲部門)
LASCIATI BACIARE COL LETKISS　レットキッスでキッスしてね　ケスラー・シスターズ
(放送歌謡部門)
C'E UNA CHIESETTA　小さな教会

■1966 [タイトル:SCALA REALE 王様への階段] グループ別トーナメント (16チーム)

★クラウディオ・ビルラ・グループ
GRANATA　グラナダ　クラウディオ・ビルラ
MONETE D'ORO　金貨　イヴォ・ザニッキ
SCELGO TE　君を選ぶ　アキレ・トリアーニ
CIAO RAGAZZA CIAO　ラガッツァ・チャオ　ジャンニ・ベッチナーティ

ジャンニ・モランディ・グループ
LA FISARMONICA　夜のアコーディオン　ジャンニ・モランディ
PICCOLA MIA PICCOLA　ミア・ピッコロ　ディーン
LUI LO VUOLE LEI LO VUOLE　彼と彼女　サンドィー・ショウ
MILLE PERCHE　多くのなぜ　ローマー8世

リトル・トニー・グループ　　　(オードリー/オリエッタ・ベルティ/マリオ・テスタ)
ボビー・ソロ・グループ　　　　　(レミ・ジェルマーニ/ウィルマ・ゴイシ/アメデオ・ミンギ)
ジーン・ピットニー・グループ　　(トニー・ダララ/ペティー・クルティス/アナマリア・レンツォ)
オルネラ・ヴァノーニ・グループ　(フレッド・ボンガスト/ブラーノ・ラウスィ/イヴァン・グレンチ/マリオ・サンタ)
ジリオラ・チンクエッティ・グループ (ジョニー・ドレルリ/トニー・クルル・モランティ・モランチモー・ラニエリ)
ミレーヴァ・グループ　　　　　(ミレーヴァ/フォンタナ/ラブラン/パリシーノ/パッチー/ブラウダー) 他

■1967 [タイトル：PARTITISSIMA　天下分け目]
6チームのリーグ対抗戦、キャプテンを除くチームメイトは毎回交代。決勝ではキャプテンだけの勝負。

★DANDANDAN	ダンダンダン	ダリダ
	（全回のチーム：メイト：ティーノ／パヴォーネ／ニコラ・ディ・バリ／トニー・レニス／レノ／ミナ／ミッキー・ムスタキ・ムスクーリ／フレッド／ボンガスト／シルヴィ・バルタン／ロッシ）	
CONCERTO ALLA VITA	人生の協奏曲	クラウディオ・ビルラ
	（ジャンニ・ペッテナーティ／マリーザ・サンニア／カルネラ／エンドリゴ／カルロス・ヴィラ／ラ・ダンジェロ／セルジオ・エンドリゴ／パーチェ・ベイバー／ヴィラ／ミラニーニ／エルエヴァ・ザナーキ／ベルナルディ／R.マッサーリ／ジリオラ・チンクェッティ／リトル・トニー／リタ・パヴォーネ）	
TU CUORE MIO	心の君	
	（ジミー・フォンタナ／アウグスト／レイテール／サンディー／ショックバーニ／ベルナルディ／フランコ・ティーニ／リー／クラーリ／ピッツィ／イヴァ・ザーニッキ）	
MERAVIGLIOSO	すばらしき人生	ドメニコ・モドゥーノ 他
SIESTA	昼の夢	ポピーノ・ガリアルディ
NON FINIRA'	終わらないでしょう	オルネラ・ヴァノーニ 他

■1968

★SCENDE LA PIOGGIA	雨が降ると（エリノア）	ジャンニ・モランディ
POVERO CUORE	哀れな心	クラウディオ・ビルラ
MATTINO	朝の歌	
SE M'INNAMORO	もし愛したら	オリエッタ・ベルティ
TRIPOLI 1969	トリポリ1969	パッティ・プラヴォ
IL CARNEVALE	カーニヴァル	
	愛の真夜中	
	（ジョニー・ドレッリ／リトル・トニー／ジャンニ／パッション・ザーキ／サンドニア／ミルバ／バーンジョ／エンドリゴ 他）	

■1969

★MA CHI SE NE IMPORTA	あなたへの愛	ジャンニ・モランディ
IL SOLE DEL MATTINO	朝の太陽	クラウディオ・ビルラ
SE BRUCIASSE LA CITTA'	街が燃えたなら	マッシモ・ラニエリ
COME HAI FATTO	なんてことを	ミーノ・レイターノ
UNA BAMBOLA BLU	青い人形	オリエッタ・ベルティ
MEZZANOTTE D'AMORE	愛の真夜中	
	（リトル・トニー／ロザンナ・フラテッロ／ナーナ・ムスクーリ／パッティ・パスタ／リタ・マリーザ・サンニア／ミルバ／バーンジョ／エンドリゴ 他）	

■1970

★VENT'ANNI	はたちの青春	マッシモ・ラニエリ
CAPRICCIO	カプリッチョ	ジャンニ・モランディ
UNA FERITA IN FONDO AL CUORE	心の傷	クラウディオ・ビルラ
NON E' LA PIOGGIA	雨じゃない	ミーノ・レイターノ
AH! L'AMORE CHE COS'E'	ある恋なんて	オリエッタ・ベルティ
UNA STORIA DI MEZZANOTTE	真夜中の物語	マリーザ・サンニア
LA PRIMAVERA	春	カテリーナ・カセルリ
VIALE KENNEDY	ケネディ通り	
	（パッティ・プラヴォ／トニー／デル・モナコ／リタ・パヴォーネ／カセルリ他 参加36歌手）＊準決勝まで男女カップル毎回変更	

■1971

★CHITARRA SUONA PIU' PIANO	ギターよ静かに	ニコラ・ディ・バリ
VIA DEL CONSERVATORIO	夢に見た並木道	マッシモ・ラニエリ
CORAGGIO E PAURA	勇気とおそれ	イヴァ・ザニッキ
CITTA' VERDE	緑の街	オリエッタ・ベルティ
LA COSA PIU' BELLA	太陽をあげよう	クラウディオ・ビルラ
CIAO VITA MIA	さらば私の人生	ミーノ・レイターノ
SONO UNA DONNA NON SONO UNA SANTA	女山	ロザンナ・フラテッロ
IL TEMPO D'IMPAZZIRE	陶酔のとき	オルネラ・ヴァノーニ
	（アル・バーノ／ノリタ／パヴォーネ／ドメニコ・モドゥーニョ／ジリオラ・チンクェッティ／シルヴィ・バルタン他 参加36歌手）＊準決勝まで男女別トーナメント	

■1972

★ERBA DI CASA MIA	若草の朝	マッシモ・ラニエリ
IL MONDO CAMBIERA'	変わる世界	ジャンニ・モランディ
MI HA STREGATO IL VISO TUO	微笑みのうちに	イヴァ・ザニッキ
UN SORRISO E POI PERDONAMI	ほほえみの扉	マルチェラ
PAESE	ふるさと	ミーノ・レイターノ
CUORE PELLEGRINO	さまよえる心	ニコラ・ディ・バリ
E LUI PIACEVA	涙の岸辺	オリエッタ・ベルティ
FIGLIO DELL'AMORE	愛の息子	ロザンナ・フラテッロ
	（ジリオラ・チンクェッティ／カテリーナ・カセルリ／ジャンニ・ナザーロ他 参加32歌手）＊2回戦まで2カップル	

■1973

★ALLE PORTE DEL SOLE	太陽のとびら	ジリオラ・チンクェッティ
SE TU SAPESSI AMORE MIO	愛を知ったら	ジャンニ・ナザーロ
CANTO D'AMORE DI HOMEIDE	オメイデの愛の歌	オリエッタ・ベルティ
NOI DUE INSIEME	二人一緒に	ベビー・ドゥ・ポーヴェ
CHAMPAGNE	恋人のシャンパン	ペッピーノ・ディ・カプリ
PENSO SORRIDO E CANTO	想いてのえみと歌を	アル・バーノ
STORIA DI NOI DUE	二人の物語	ジャンニ・ナザーロ
IL CUORE DI UN POETA	詩人の心	カメレオンティ
AMICIZIA E AMORE	友情と恋	
	（ジリオラ・チンクェッティ／ジャンニ・ナザーロ／ベッピノ／マーティ／トニー／リトル・トニー／ジャンニ）	

■1974 （決勝はストライキのため放送中止、はがき投票のみによる順位）

★UN CORPO E UN'ANIMA	愛のデュエット	ウェス&ドリ・ダッツィ
PER UNA DONNA	愛を待つ女	ミーノ・レイターノ
INSIEME NOI	ぼくと達一緒	オリエッタ・ベルティ
IL RITMO DELLA PIOGGIA	雨のリズム	ジャンニ・ナザーロ
PICCOLA MIA PICCOLA	愛に咲く少女	ヴィチェラ
NOI NON MORIREMO MAI	愛につつまれて	ベビー・ドゥ・ポーヴェ
MAI	マイ	
	（ジリオラ・チンクェッティ／アル・バーノ／アルフレッド・フィオリーニ・デル・ソーレ他 参加12歌手）	
	30歌手）	

（フォークの部）

★LU MARIPIELLO	マリピエロ	トニー・サンタガータ
AMORE DISISPERADU	絶望の恋	マリア・カルタ
	（ファウスト・チリアーノ／ランド・フィオリーニ他）	

[資料提供：河合秀朋]

日本語タイトル総索引 Vol. 1〜2

●

日本語タイトル	〈データ〉	原語タイトル	巻	頁
【あ】愛の妙薬	《'69 サンレモ音楽祭入賞曲》●	Cosa Hai Messo Nel Caffè ?	①	60
愛は限りなく	《'66 サンレモ音楽祭入賞曲》●	Dio. Come Ti Amo !	①	4
青空に住もう	《'66 サンレモ音楽祭入賞曲》●	Casa In Cima Al Mondo, Una	①	56
秋の並木道	《'53 サンレモ音楽祭優賞曲》●	Viale D'Autunno	①	106
アディオ・アディオ	《'62 サンレモ音楽祭優賞曲》●	Addio... Addio...	②	66
あなたに口づけを	●	I' Te Vurria Vasà !	②	103
アネマ・エ・コーレ	《'64 カンツォニッシマ入賞曲》●	Anema E Core	①	46
雨	《'69 サンレモ音楽祭入賞曲》●	La Pioggia	①	28
アモール、モナムール、マイ・ラヴ	《'63 サンレモ音楽祭第 2 位》●	Amor, Mon Amour, My Love	①	89
アモーレ・スクーザミ	《'64 夏のディスク入賞曲》●	Amore, Scusami	①	78
アモーレ・ミオ	《'64 ナポリ音楽祭入賞曲》●	Ammore Mio	②	18
アリベデルチ・ローマ	《'58 カンツォニッシマ入賞曲》●	Arrivederci, Roma...	①	82
アル・ディ・ラ	《'61 サンレモ音楽祭優賞曲》●	Al Di La	①	14
【い】生命をかけて	《'66 サンレモ音楽祭入賞曲》●	Io Ti Darò Di Più	②	21
【う】失なわれた愛を求めて	《'73 サンレモ音楽祭優賞曲》●	Grande Amore E Niente Più, Un	①	52
【か】悲しき愛のテーマ	《'64 サンレモ音楽祭入賞曲》●	Motivo D' Amore	①	74
悲しみは星影と共に	●	Oltre La Notte (Andremo In Citta)	②	71
【き】ギターよ静かに	《'71 カンツォニッシマ優賞曲》●	Chitarra, Suona Più Piano	①	69
君に涙とほほえみを	《'65 サンレモ音楽祭優賞曲》●	Se Piangi, Se Ridi	②	8
君をうたう	《'68 サンレモ音楽祭優賞曲》●	Canzone Per Te	②	36
急流	《'55 サンレモ音楽祭第 2 位》●	Torrente, Il	②	50
【け】ケ・サラ	《'71 サンレモ音楽祭第 2 位》●	Che Sarà	②	24
【こ】恋する瞳	《'65 サンレモ音楽祭入賞曲》●	Amore Ha I Tuoi Occhi, L'	①	40
恋の終り（ラブ・ミー・トゥナイト）	《'69 サンレモ音楽祭選外曲》●	Alla Fine Della Strada	②	27
恋のジプシー	《'71 サンレモ音楽祭優賞曲》●	Cuore E Uno Zingaro, Il	①	37
心遥かに	●	Testarda Io (A Distância)	①	32
この胸にふたたび	《'71 サンレモ音楽祭入賞曲》●	Come Stai	②	11
この胸のときめきを	《'65 サンレモ音楽祭入賞曲》●	Io Che Non Vivo (senza te)	①	17
コメ・プリマ	●	Come Prima	①	11
ゴンドリ・ゴンドラ	《'62 サンレモ音楽祭第 3 位》●	Gondolì, Gondolà	①	86

【さ】	最後の夢みる人	《'71 サンレモ音楽祭入賞曲》●	Ultimo Romanico, L'	①	65
	さらば恋人よ(チャオ・ベラ・チャオ)	●	Ciao, Bella Ciao	①	120
	去り行く今	《'66 サンレモ音楽祭入賞曲》●	Adesso Sì	①	49
【す】	素敵なあなた	《'64 ナポリ音楽祭優賞曲》●	Tu Si' 'Na Cosa Grande	②	74
	砂に消えた涙	●	Buco Nella Sabbia, Un	①	22
【そ】	ソレンツァラ	●	Solenzara	①	25
【た】	太陽がほしい	《'52 ナポリ音楽祭優賞曲》●	Desiderio 'E Sole	②	82
【ち】	チリビリビン	●	Ciribiribin	②	97
【つ】	つらい別れ(アデュー)	《'60 カンツォニッシマ賞曲》●	Addio, Sogni Di Gloria！(Adieu)	①	96
【て】	鉄 路	●	Binario	①	103
【は】	花咲く丘に涙して	《'65 サンレモ音楽祭入賞曲》●	Colline Sono In Fiore, Le	①	43
	花のささやき	《'66 サンレモ音楽祭入賞曲》●	In Un Fiore	①	34
	薔薇のことづけ	《'71 サンレモ音楽祭入賞曲》●	Rose Nel Buio	②	32
	遥かなるサンタ・ルチア	●	Santa Lucia Luntana	②	90
	バンビーノ(ガリオーネ)	《'56 ナポリ音楽祭優賞曲》●	Guaglione	②	78
【ひ】	ピノキオへの手紙	《'59 ゼッキーノ・ドーロ入賞曲》●	Lettera A Pinocchio	②	4
【ふ】	二人の星	●	Stella Per Noi, La	②	41
	フニクリ・フニクラ	●	Funiculì-Funiculà	①	115
	ヴォラーレ	《'58 サンレモ音楽祭優賞曲》●	Nel Blu, Dipinto Di Blu（Volare）	②	55
【ま】	待ちましょう	●	Tornerai	①	100
	マリア・マリ	●	Maria Marì	②	94
	マンマ	《'56 カンツォニッシマ優賞曲》●	Mamma	①	92
【ゆ】	夢のかなたに	《'68 夏のディスク第2位》●	Non Illuderti Mai	②	46
	夢みる想い	《'64 サンレモ音楽祭優賞曲》●	Non Ho L'Età（per amarti）	①	8
【り】	リコルダ	《'63 サンレモ音楽祭第5位》●	Ricorda	②	58
【る】	ルナ・ロッサ	●	Luna Rossa	①	110
【ろ】	ローマのギター	《'62 カンツォニッシマ入賞曲》●	Chitarra Romana	②	86
【わ】	忘れな草	●	Vergiss mein nicht	②	106
	私の太陽よ(オー・ソル・ミオ)	《'64 カンツォニッシマ優賞曲》●	'O Sole Mio	①	123
	私は風(恋のブルース)	《'59 サンレモ音楽祭第2位》●	Io Sono Il Vento	②	62

原語タイトル総索引 Vol.1〜2

原語タイトル	《データ》	日本語タイトル	巻	頁
【A】Addio... Addio...	《'62 サンレモ音楽祭優賞曲》	アディオ・アディオ	②	66
Addio, Sogni Di Gloria!	《'60 カンツォニッシマ入賞曲》	つらい別れ（アデュー）	①	96
Adesso Sì	《'66 サンレモ音楽祭入賞曲》	去り行く今	①	49
Al Di La	《'61 サンレモ音楽祭優賞曲》	アル・ディ・ラ	①	14
Alla Fine Della Strada	《'69 サンレモ音楽祭選外曲》	恋の終り（ラブ・ミー・トゥナイト）	②	27
Ammore Mio	《'64 ナポリ音楽祭入賞曲》	アモーレ・ミオ	②	18
Amor, Mon Amour, My Love	《'63 サンレモ音楽祭第2位》	アモール、モナムール、マイ・ラヴ	①	89
Amore Ha I Tuoi Occhi, L'	《'65 サンレモ音楽祭入賞曲》	恋する瞳	①	40
Amore, Scusami	《'64 夏のディスク入賞曲》	アモーレ・スクーザミ	①	78
Anema E Core	《'64 カンツォニッシマ入賞曲》	アネマ・エ・コーレ	①	46
Arrivederci, Roma...	《'58 カンツォニッシマ入賞曲》	アリベデルチ・ローマ	①	82
【B】Binario		鉄　路	①	103
Buco Nella Sabbia, Un		砂に消えた涙	①	22
【C】Canzone Per Te	《'68 サンレモ音楽祭優賞曲》	君をうたう	②	36
Casa In Cima Al Mondo, Una	《'66 サンレモ音楽祭入賞曲》	青空に住もう	①	56
Che Sarà	《'71 サンレモ音楽祭第2位》	ケ・サラ	②	24
Chitarra Romana	《'62 カンツォニッシマ入賞曲》	ローマのギター	①	86
Chitarra, Suona Più Piano	《'71 カンツォニッシマ優賞曲》	ギターよ静かに	①	69
Ciao, Bella Ciao		さらば恋人よ	①	120
Ciribiribin		チリビリビン	②	97
Colline Sono In Fiore, Le	《'65 サンレモ音楽祭優賞曲》	花咲く丘に涙して	①	43
Come Prima		コメ・プリマ	①	11
Come Stai	《'71 サンレモ音楽祭入賞曲》	この胸にふたたび	②	11
Cosa Hai Messo Nel Caffè?	《'69 サンレモ音楽祭入賞曲》	愛の妙薬	①	60
Cuore E Uno Zingaro, Il	《'71 サンレモ音楽祭優賞曲》	恋のジプシー	①	37
【D】Desiderio 'E Sole	《'52 ナポリ音楽祭優賞曲》	太陽がほしい	②	82
Dio. Come Ti Amo!	《'66 サンレモ音楽祭入賞曲》	愛は限りなく	①	4
【F】Funiculì-Funiculà		フニクリ・フニクラ	①	115
【G】Gondolì, Gondolà	《'62 サンレモ音楽祭第3位》	ゴンドリ・ゴンドラ	①	86
Grande Amore E Niente Più, Un	《'73 サンレモ音楽祭入賞曲》	失なわれた愛を求めて	①	52
Guaglione	《'56 ナポリ音楽祭入賞曲》	バンビーノ（ガリオーネ）	②	78
【I】I' Te Vurria Vasà!		あなたに口づけを	②	103
In Un Fiore	《'66 サンレモ音楽祭入賞曲》	花のささやき	①	34
Io Che Non Vivo (senza te)	《'65 サンレモ音楽祭入賞曲》	この胸のときめきを	①	17
Io Sono Il Vento	《'59 サンレモ音楽祭第2位》	私は風（恋のブルース）	②	62
Io Ti Darò Di Più	《'66 サンレモ音楽祭入賞曲》	生命をかけて	②	21
【L】La Pioggia	《'69 サンレモ音楽祭入賞曲》	雨	②	28
Lettera A Pinocchio	《'59 ゼッキーノ・ドーロ入賞曲》	ピノキオへの手紙	②	4
Luna Rossa		ルナ・ロッサ	①	110
【M】Mamma	《'56 カンツォニッシマ優賞曲》	マンマ	①	92
Maria Marì		マリア・マリ	②	94
Motivo D' Amore	《'64 サンレモ音楽祭入賞曲》	悲しき愛のテーマ	①	74
【N】Nel Blu, Dipinto Di Blu (Volare)	《'58 サンレモ音楽祭入賞曲》	ヴォラーレ	②	55
Non Ho L'Età (per amarti)	《'64 サンレモ音楽祭入賞曲》	夢みる想い	①	8
Non Illuderti Mai	《'68 夏のディスク第2位》	夢のかなたに	②	46
【O】'O Sole Mio	《'64 カンツォニッシマ入賞曲》	私の太陽よ（オー・ソル・ミオ）	①	123
Oltre La Notte (Andremo In Citta)		悲しみは星影と共に	②	71
【R】Ricorda	《'63 サンレモ音楽祭第5位》	リコルダ	②	58
Rose Nel Buio	《'71 サンレモ音楽祭入賞曲》	薔薇のことづけ	②	32
【S】Santa Lucia Luntana		遥かなるサンタ・ルチア	②	90
Se Piangi, Se Ridi	《'65 サンレモ音楽祭優賞曲》	君に涙とほほえみを	②	8
Solenzara		ソレンツァラ	①	25
Stella Per Noi, La (Futari No Hosci)		二人の星	②	41
【T】Testarda Io (A Distância)		心遥かに	①	32
Tornerai		待ちましょう	①	100
Torrente, Il	《'55 サンレモ音楽祭第2位》	急　流	①	50
Tu Si' 'Na Cosa Grande	《'64 ナポリ音楽祭入賞曲》	素敵なあなた	②	74
【U】Ultimo Romanico, L'	《'71 サンレモ音楽祭入賞曲》	最後の夢みる人	①	65
【V】Vergiss mein nicht		忘れな草	②	106
Viale D'Autunno	《'53 サンレモ音楽祭入賞曲》	秋の並木道	①	106

皆様へのお願い

　楽譜や歌詞・音楽書などの出版物を権利者に無断で複製（コピー）することは、著作権の侵害（私的利用など特別な場合を除く）にあたり、著作権法により罰せられます。
　また、出版物からの不法なコピーが行われますと、出版社は正常な出版活動が困難となり、ついには皆様方が必要とされるものも出版できなくなります。
　音楽出版社と日本音楽著作権協会（JASRAC）は、著作者の権利を守り、なおいっそう優れた作品の出版普及に全力をあげて努力してまいります。
　どうか不法コピーの防止に、皆様方のご協力をお願い申しあげます。
　　　　社団法人　日本音楽著作権協会（JASRAC）　　　株式会社　水星社

カンツォーネ・ベスト・アルバム ② 改訂版

発行所●株式会社　水星社
〒102-0075　東京都千代田区三番町3番地3
電話　03(3265)1055代

編者　水星社

発売元●株式会社　音楽之友社
〒162-8716　東京都新宿区神楽坂6-30
電話　03(3235)2111代
振替　00170-4-196250
落丁本・乱丁本はお取替いたします。

日本音楽著作権協会（JASRAC・ジャスラック）
(出)許諾第 2101943-102号
許諾番号の対象は、当該出版物中、当協会が許諾することのできる著作物に限られます。

JASRACの承認に依り許諾証紙貼付免除

Printed in Japan　　　731123　　　SUISEISHA (4-0321-1250)